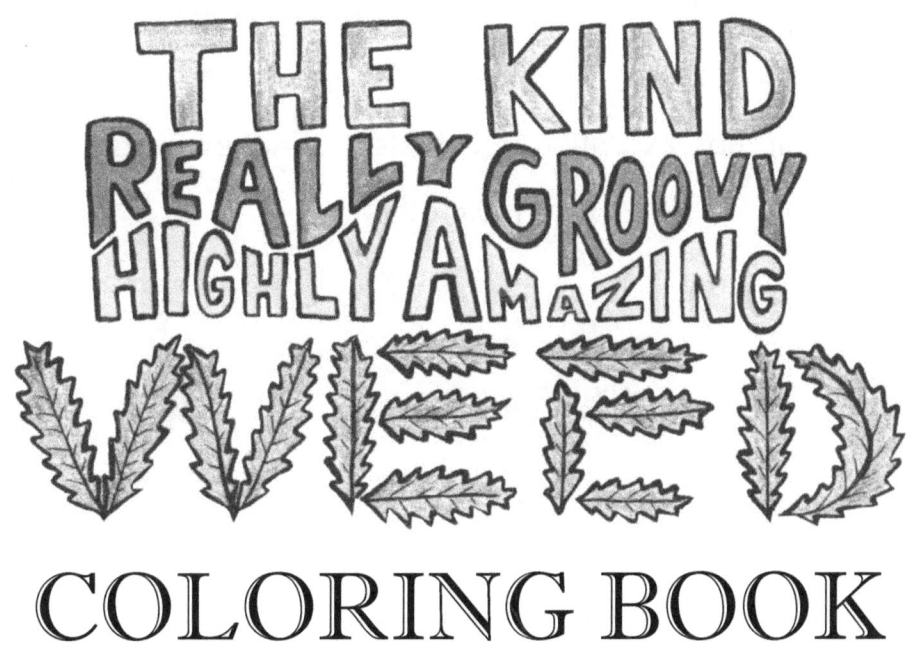

THE KIND REALLY GROOVY HIGHLY AMAZING WEED

COLORING BOOK

Rayne Craig

ISBN-13: 978-1537011004

ISBN-10: 1537011006

Printed in the United States of America

10 9 8 7 6 5 4 3 2

Empire Publishing and Literary Service Bureau

www.empirebookpublishing.com

Coloring books for grown-ups have become very popular lately because they are fun and a great way to relax. If you've picked up this book, you've probably already found a nice way to relax, but this will still be fun.

Inhale the colors and exhale the stresses of the day. I prefer sativa for creative coloring, but you be you. I hope you enjoy it and find the happy zen that I felt while drawing it.

Most front pages tell you how to color, so I guess...
Press harder or go over it again when you want the color darker. Anything can be any color. Choose colors you like. Colored pencils, crayons, or gel pens work great. You can use markers or paint, but they may bleed through, so please remove the page first or use a blank piece of paper as a barrier between the pages. Watercolors and Kool -Aid will ball the paper.
And when you're done, you will have some groovy artwork that you can frame, tape to your wall, or give to your favorite budtender.

Have fun!

Like us on Facebook
GroovyWeedColorBook ♡

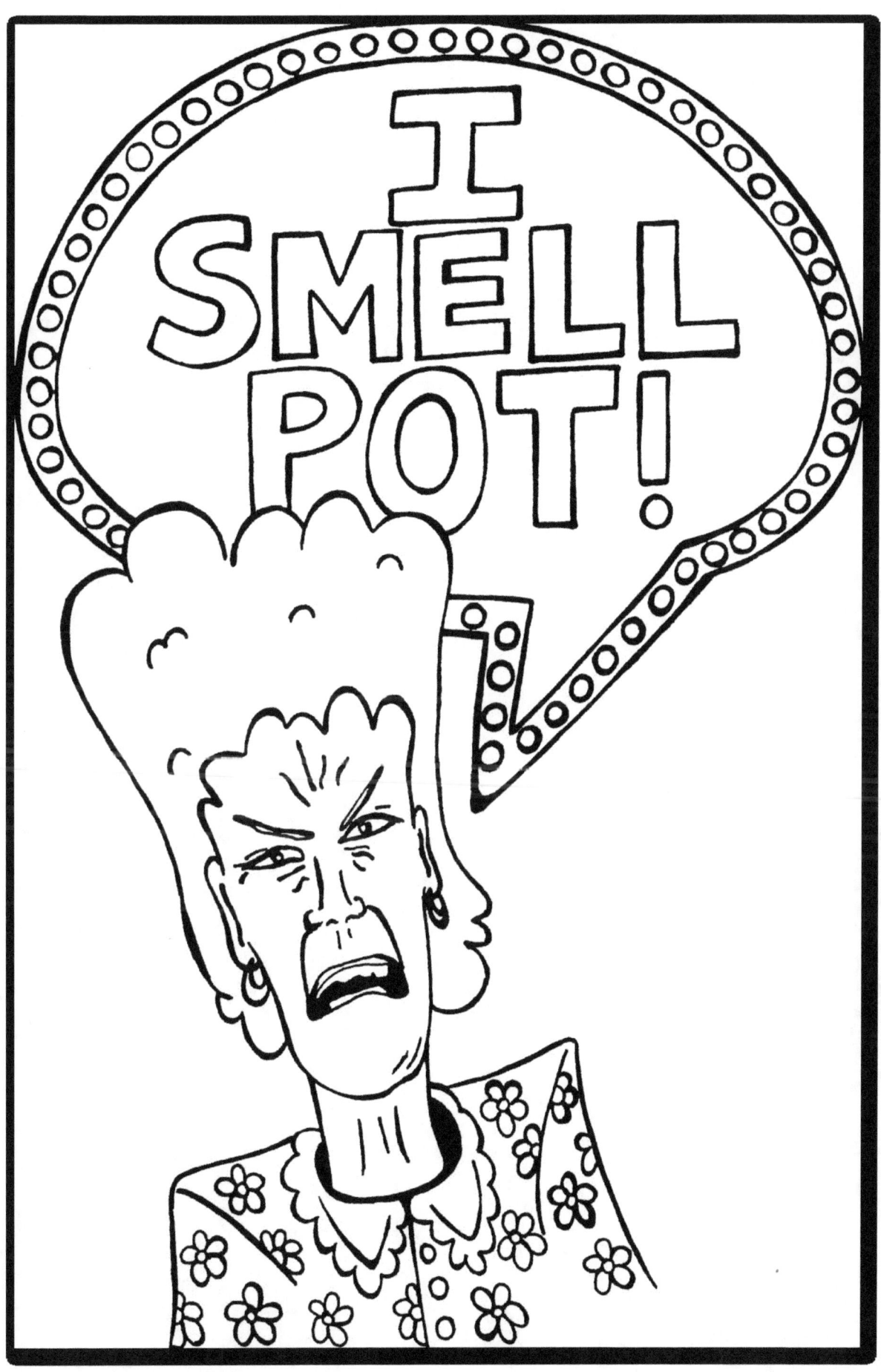

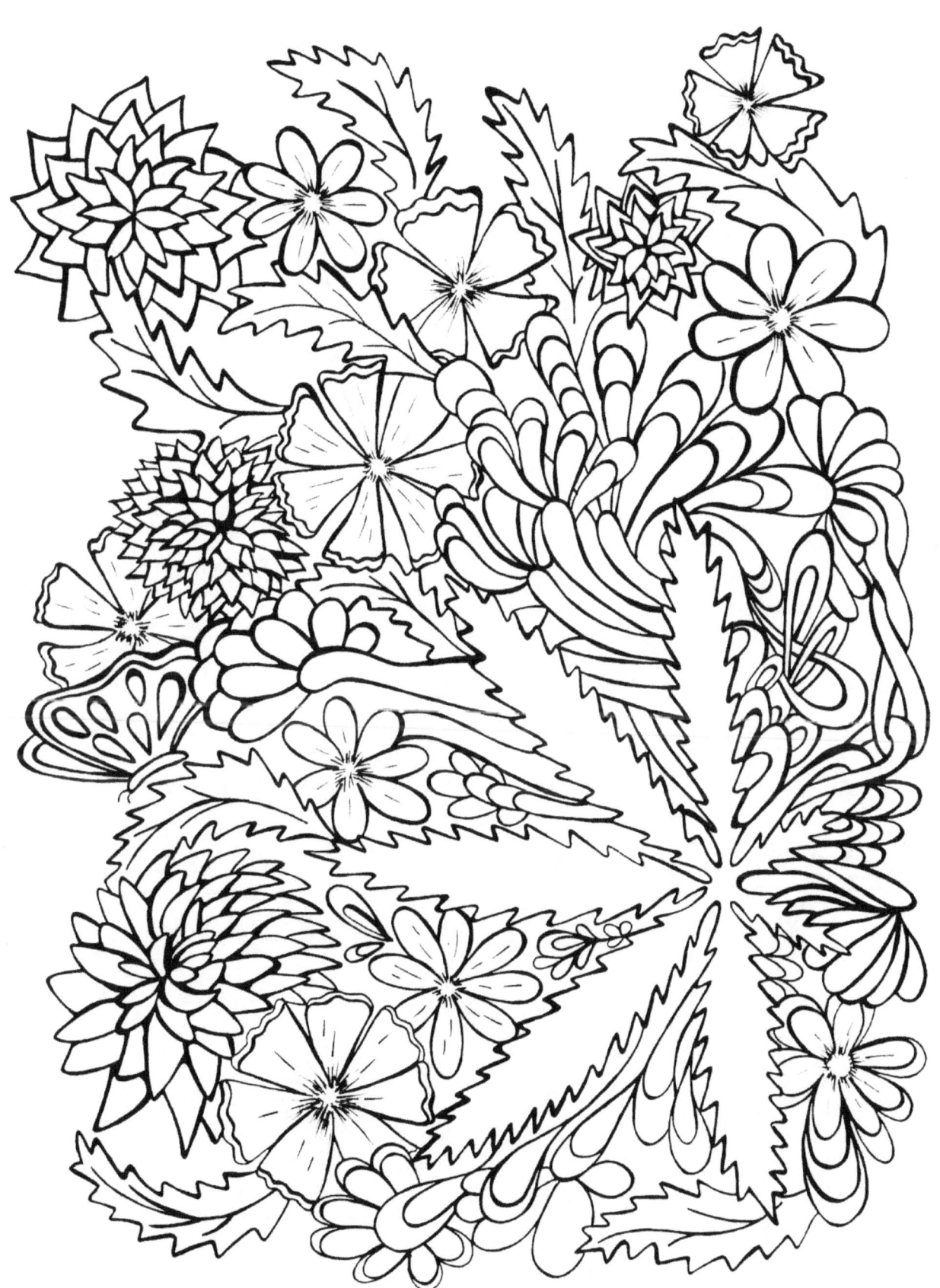

Amazon O.G.

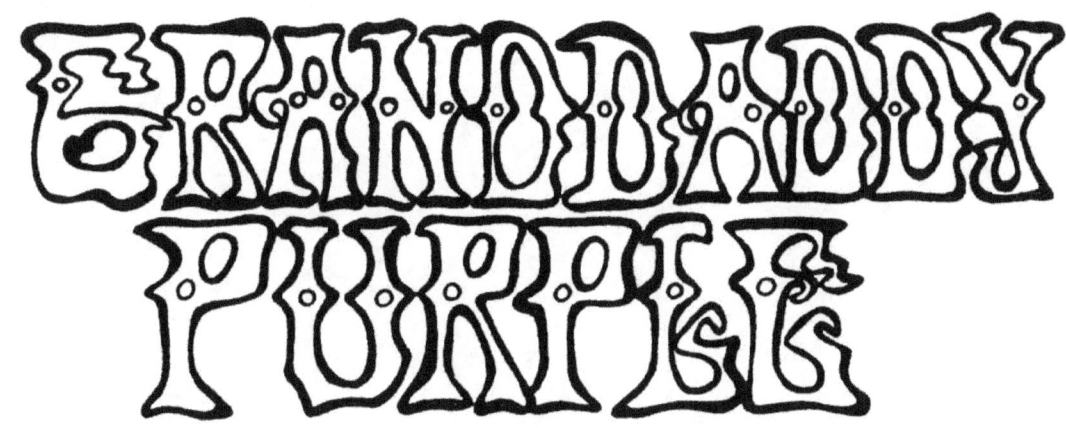

GRANDDADDY PURPLE

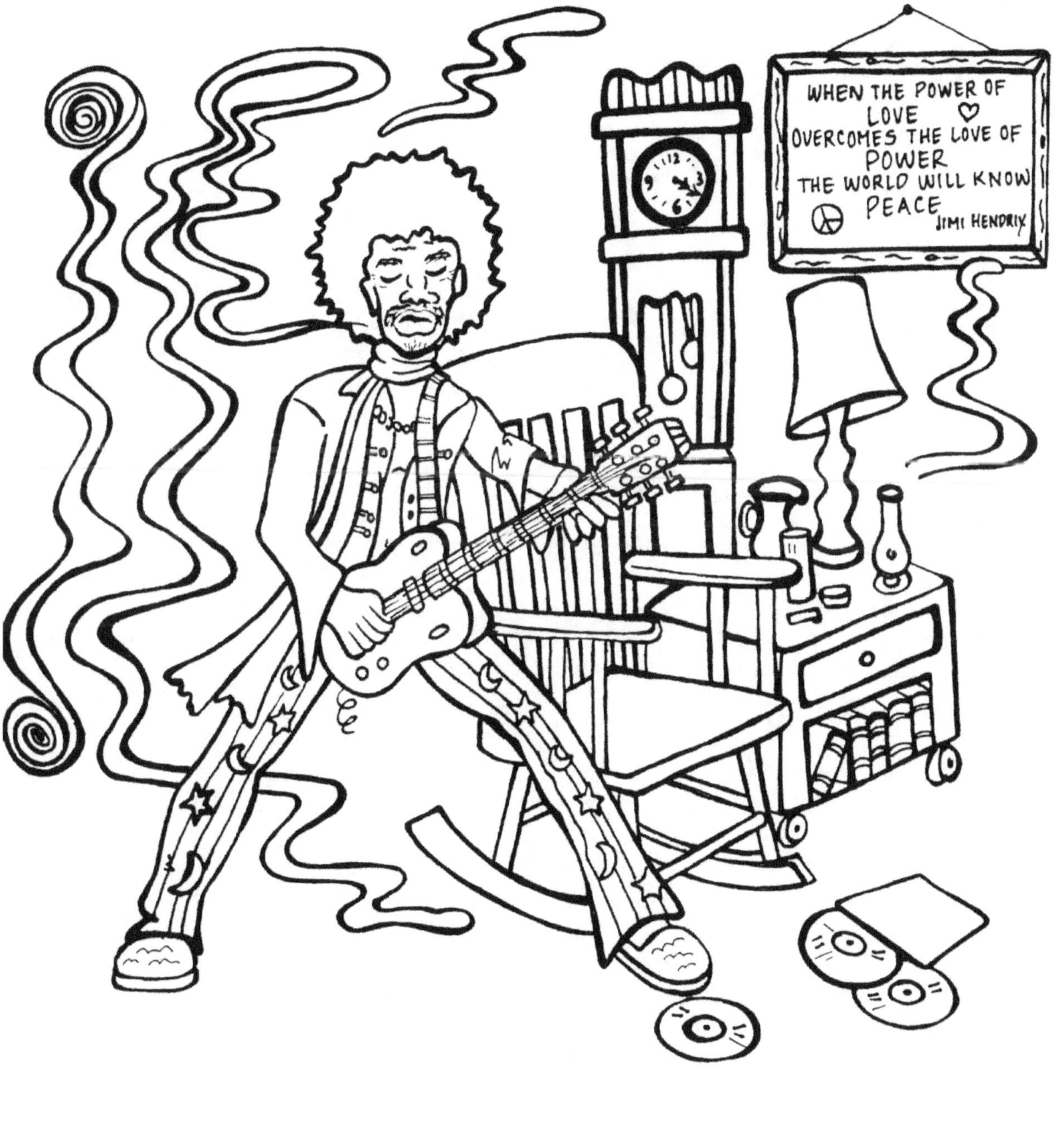

WHEN THE POWER OF
LOVE ♡
OVERCOMES THE LOVE OF
POWER
THE WORLD WILL KNOW
☮ PEACE
JIMI HENDRIX

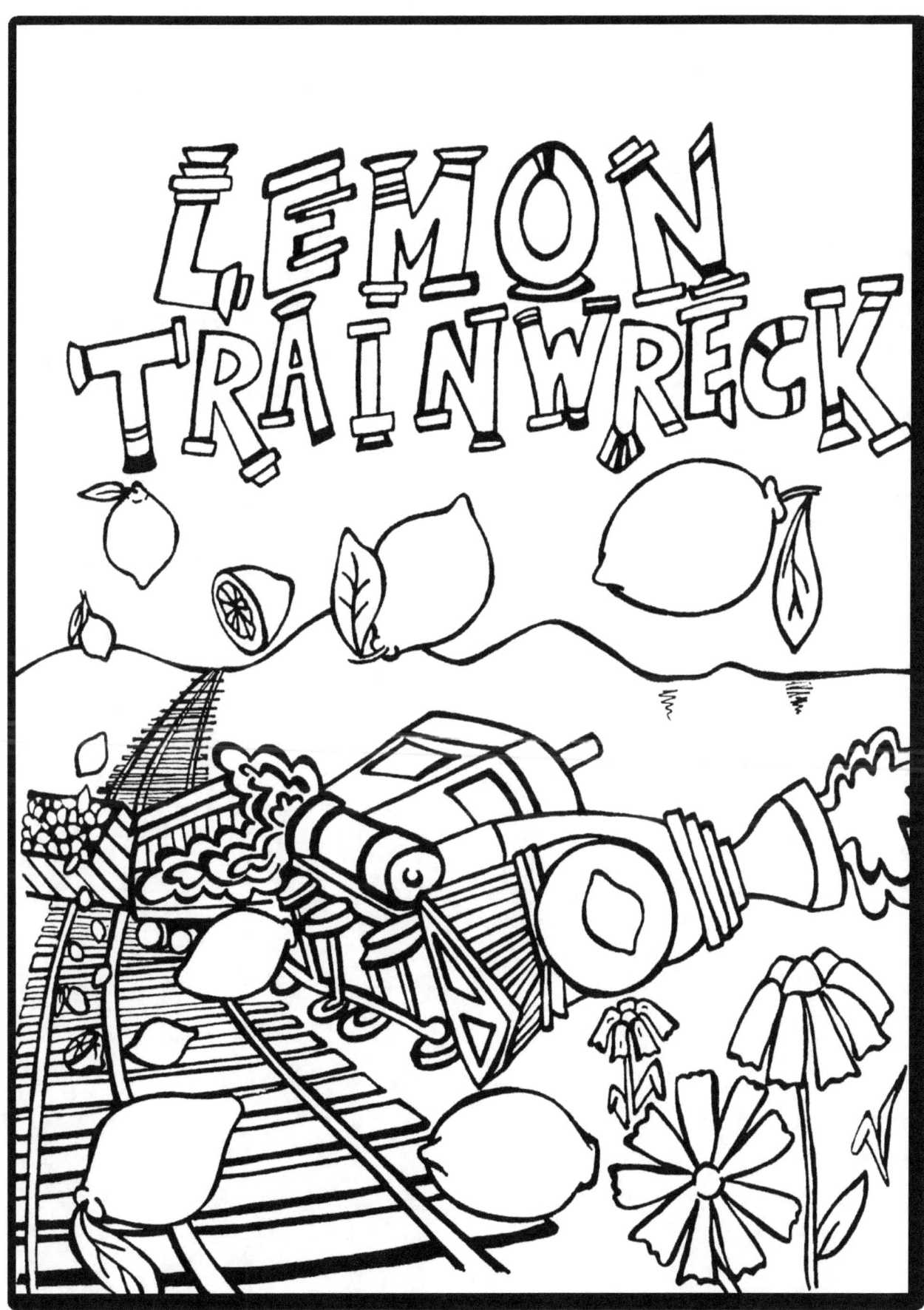

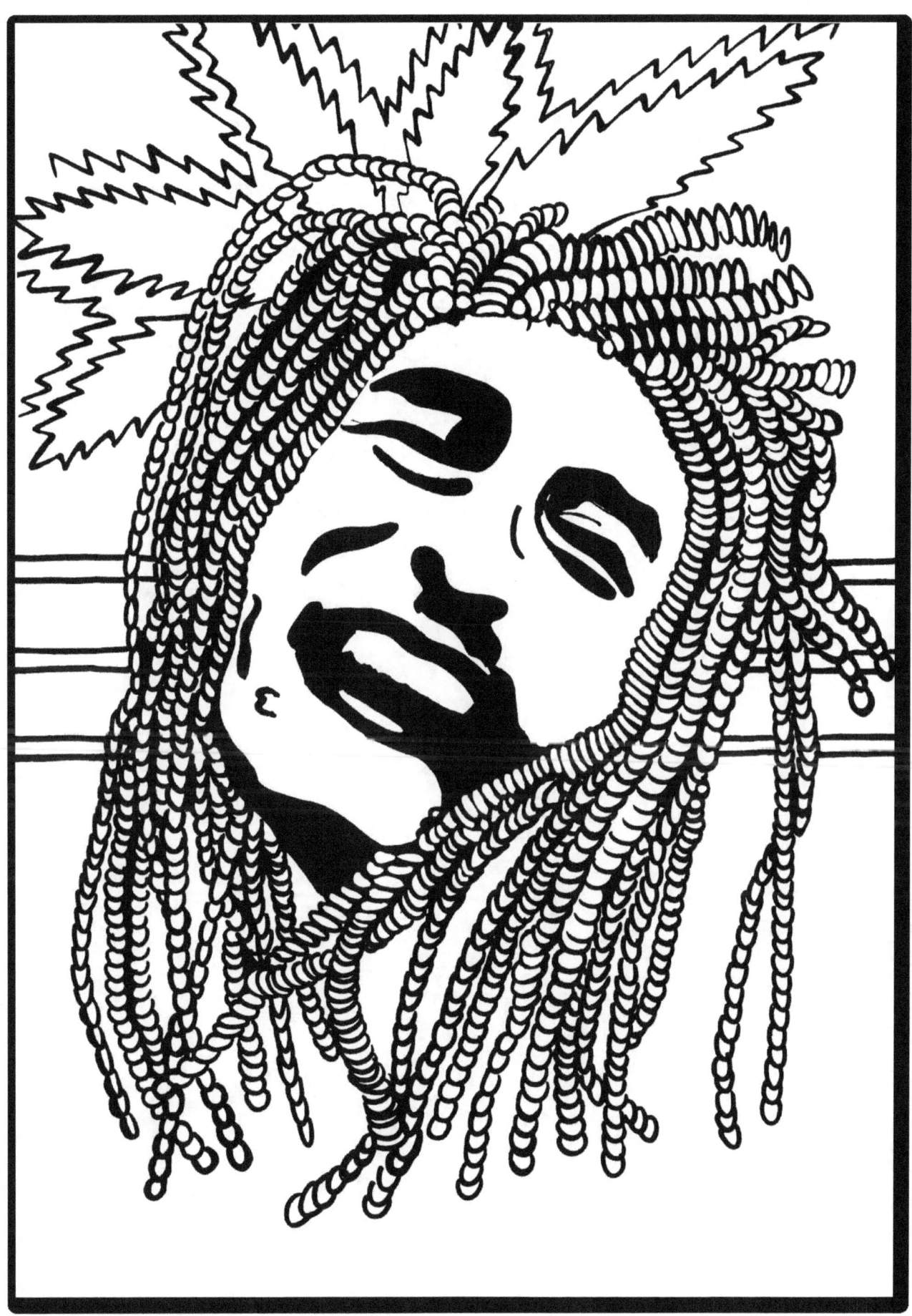

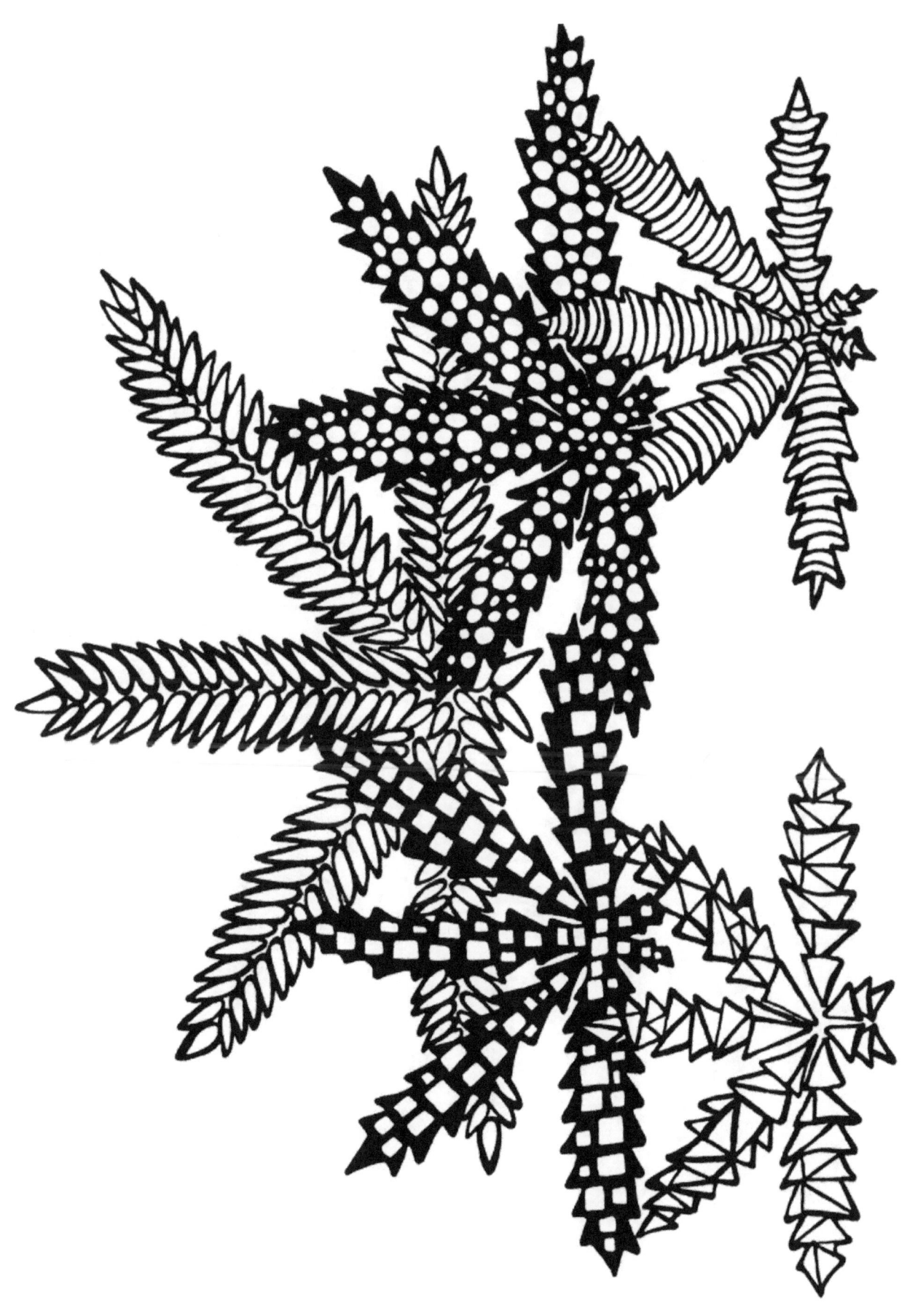

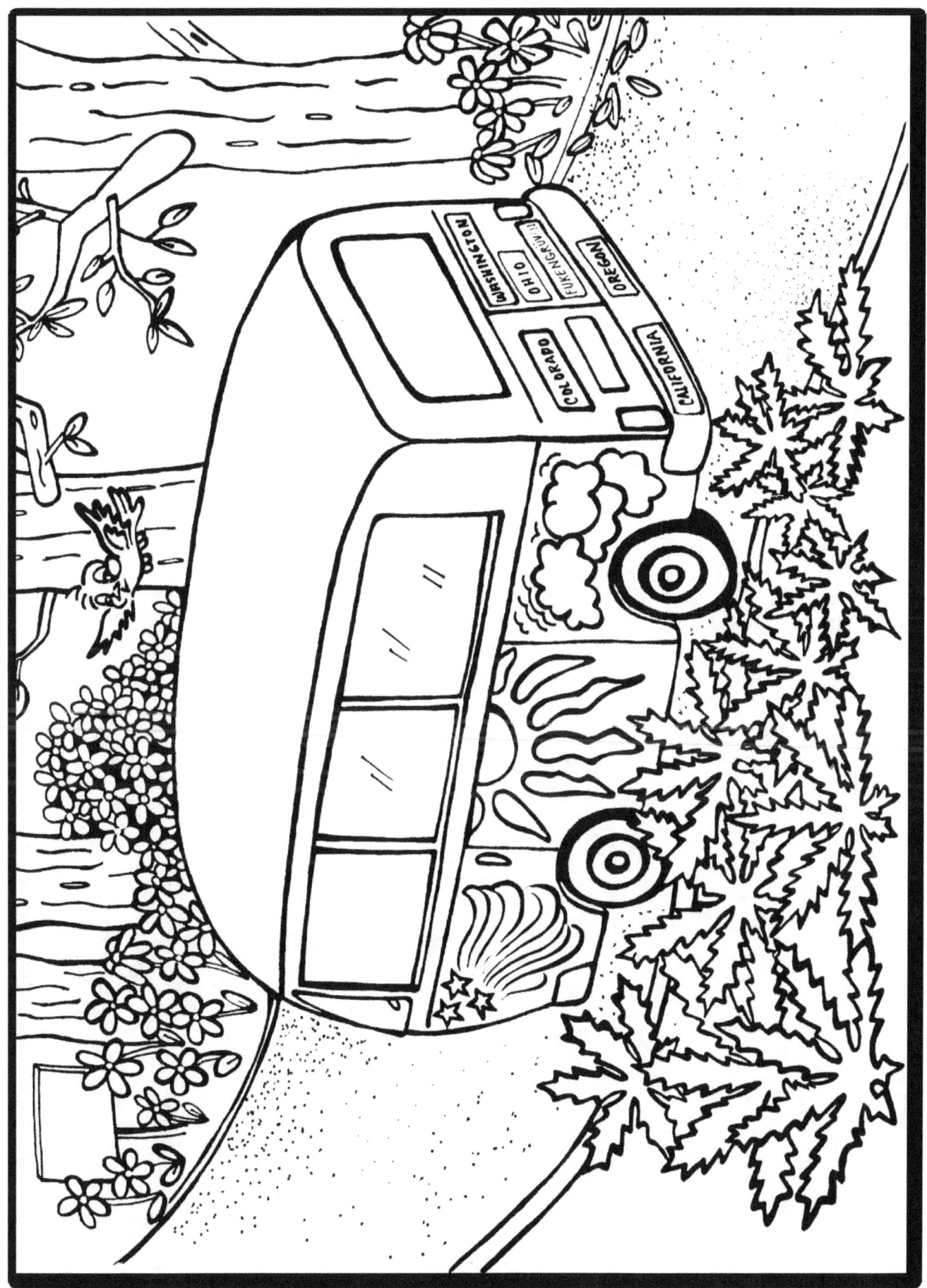

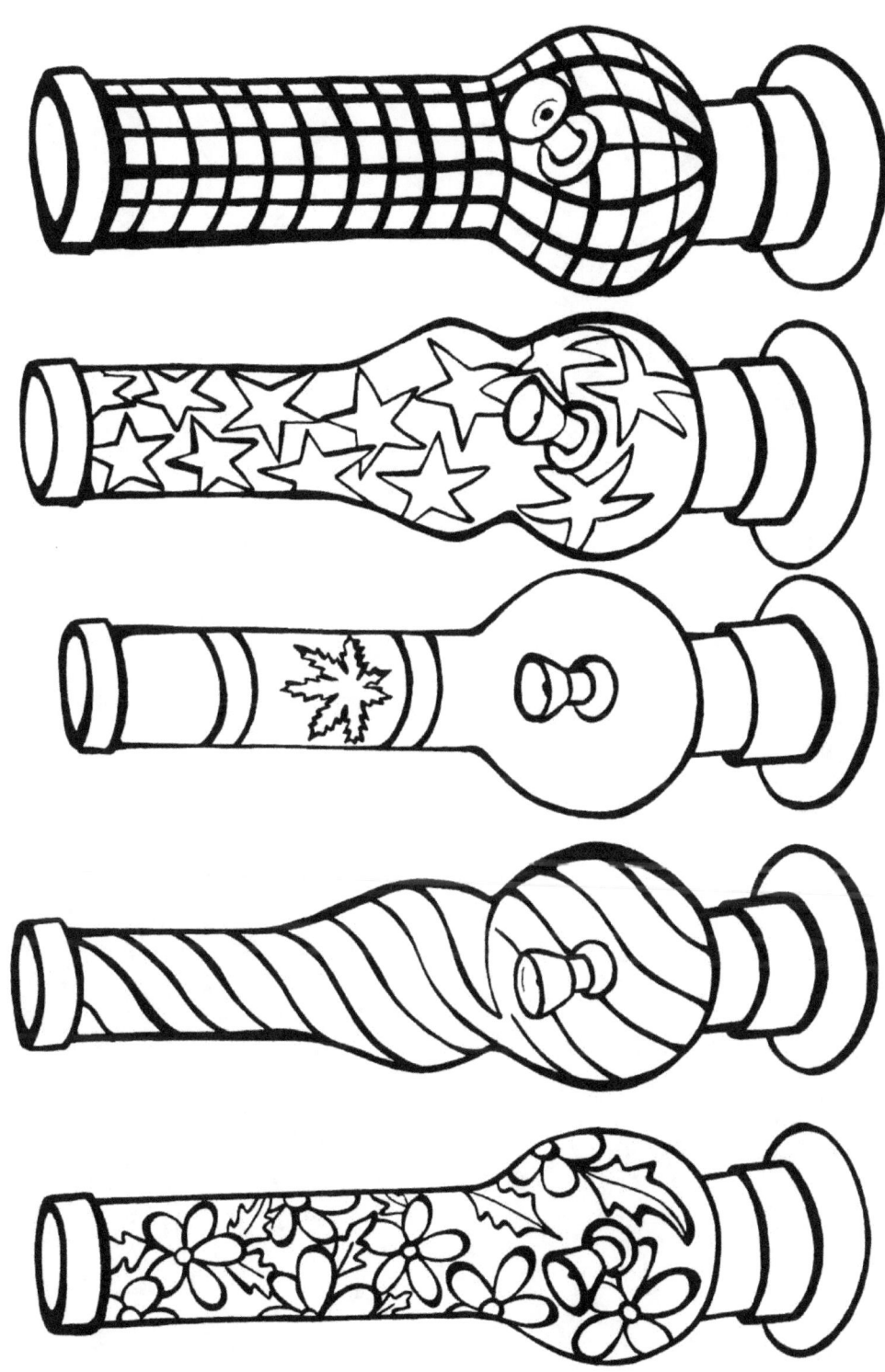

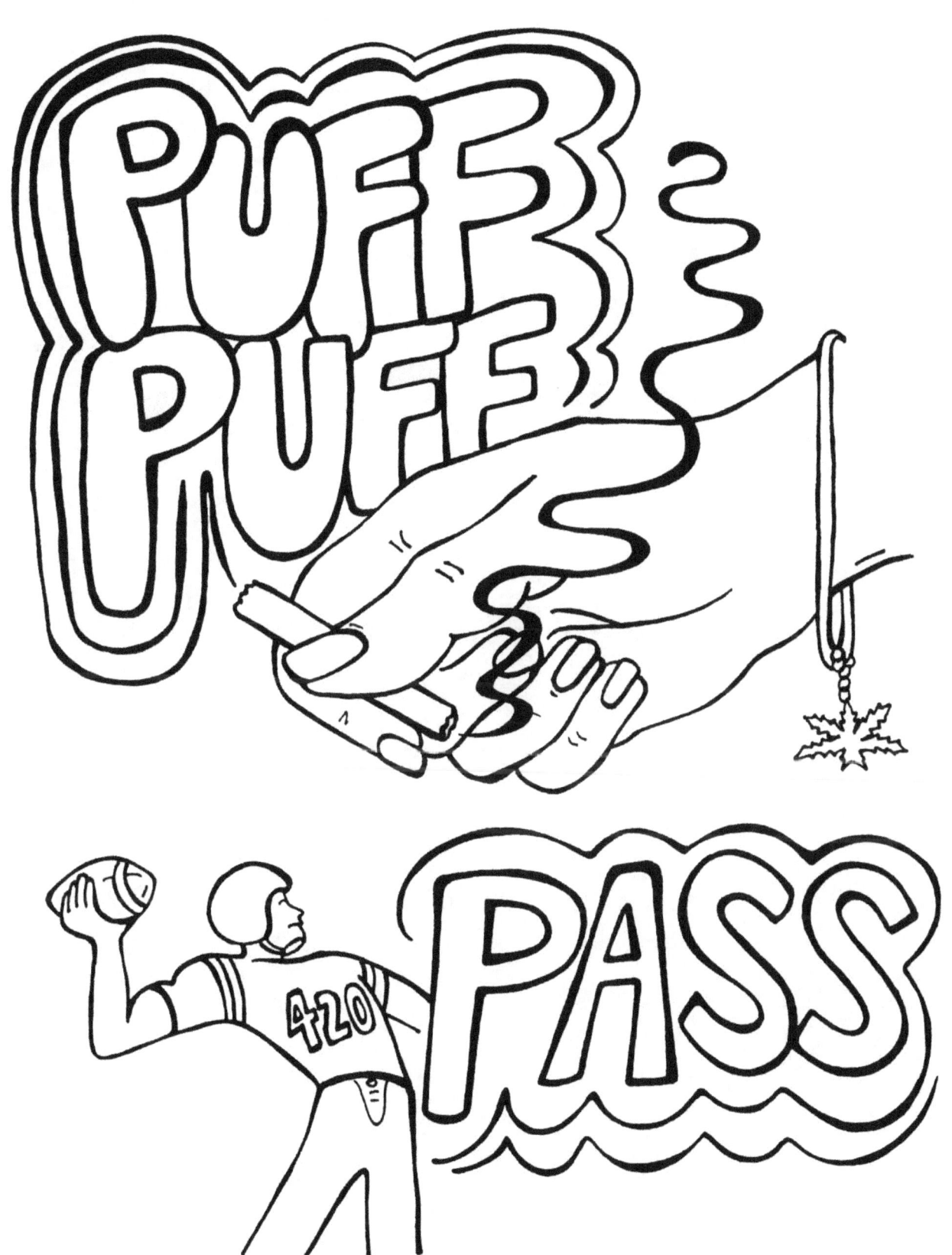

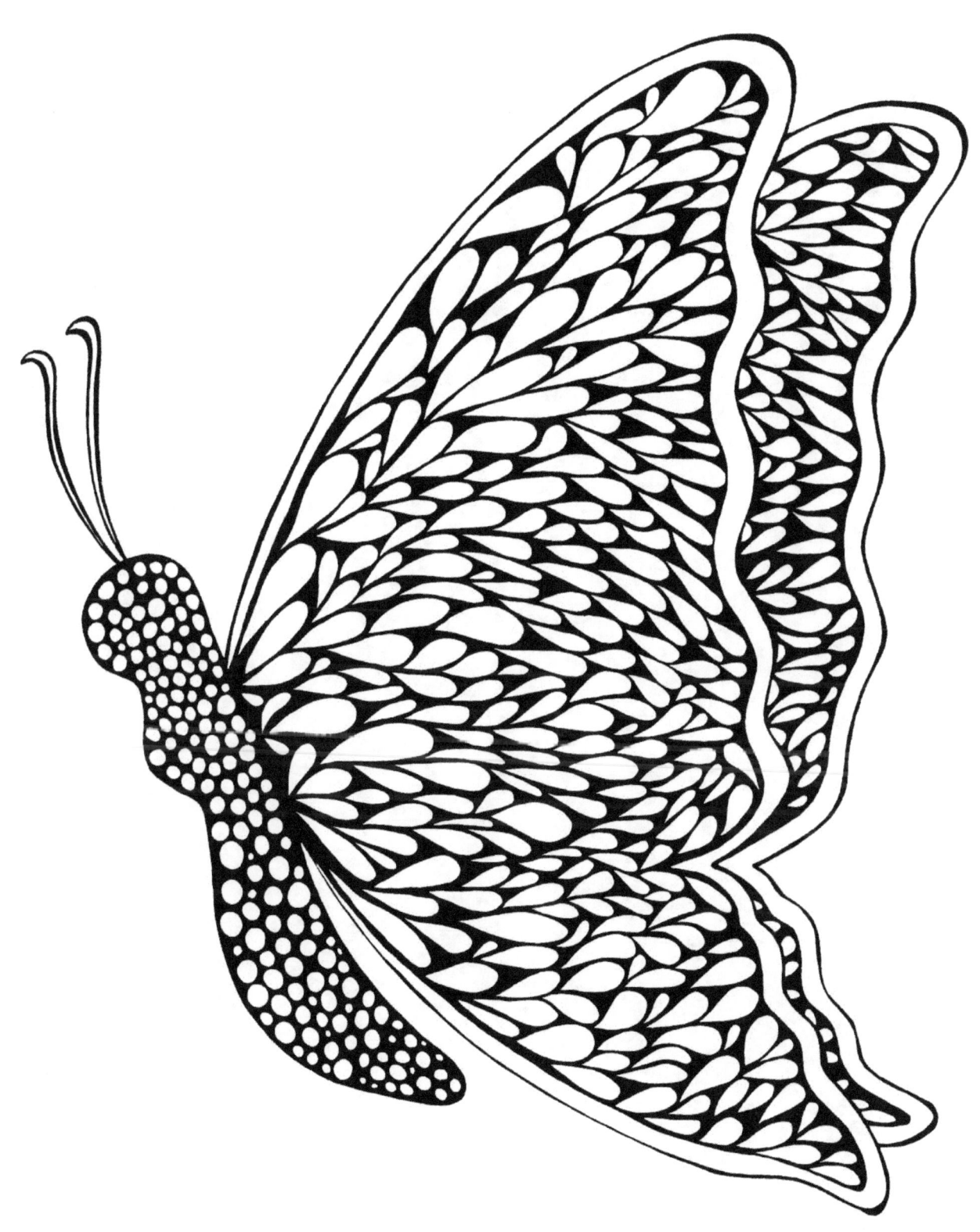

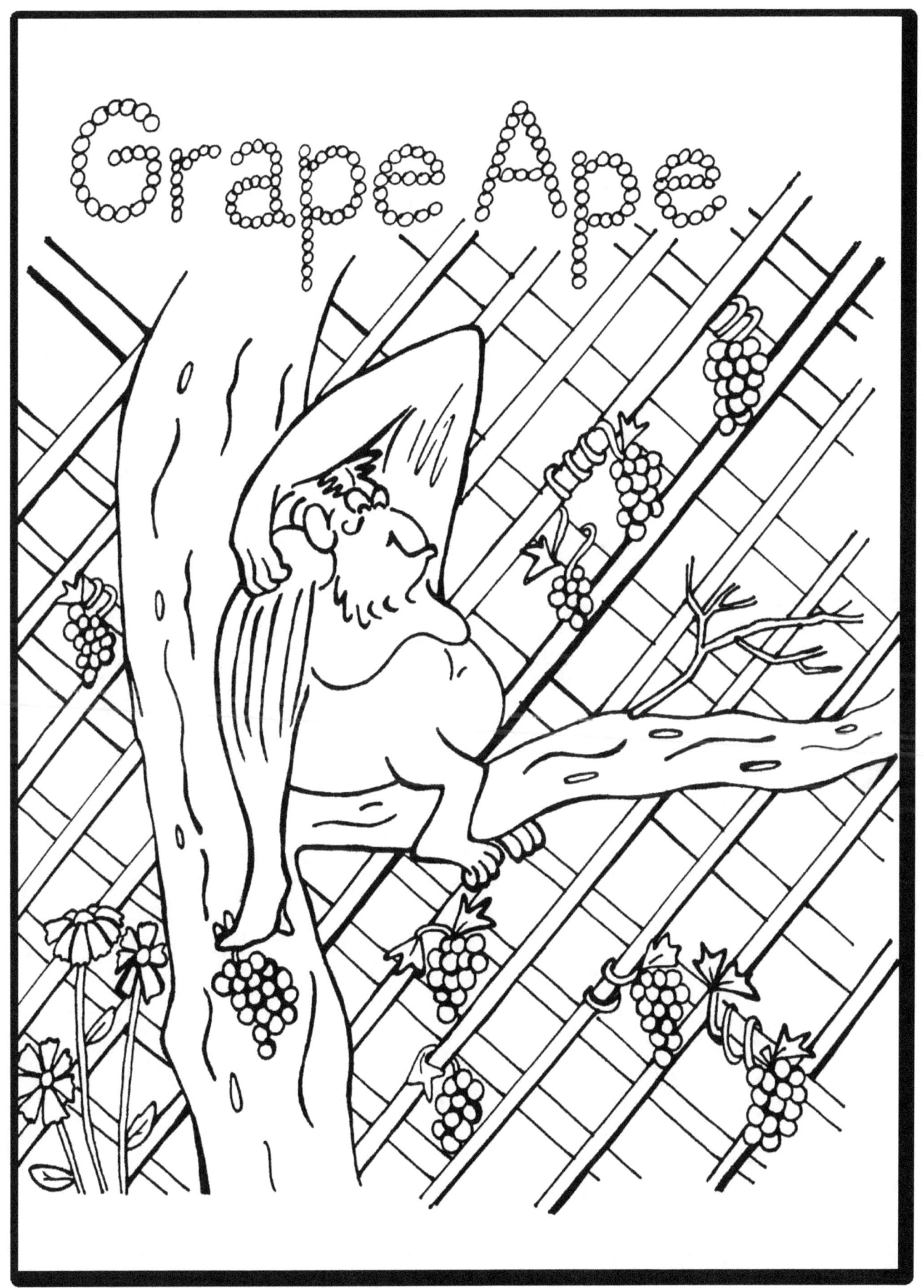

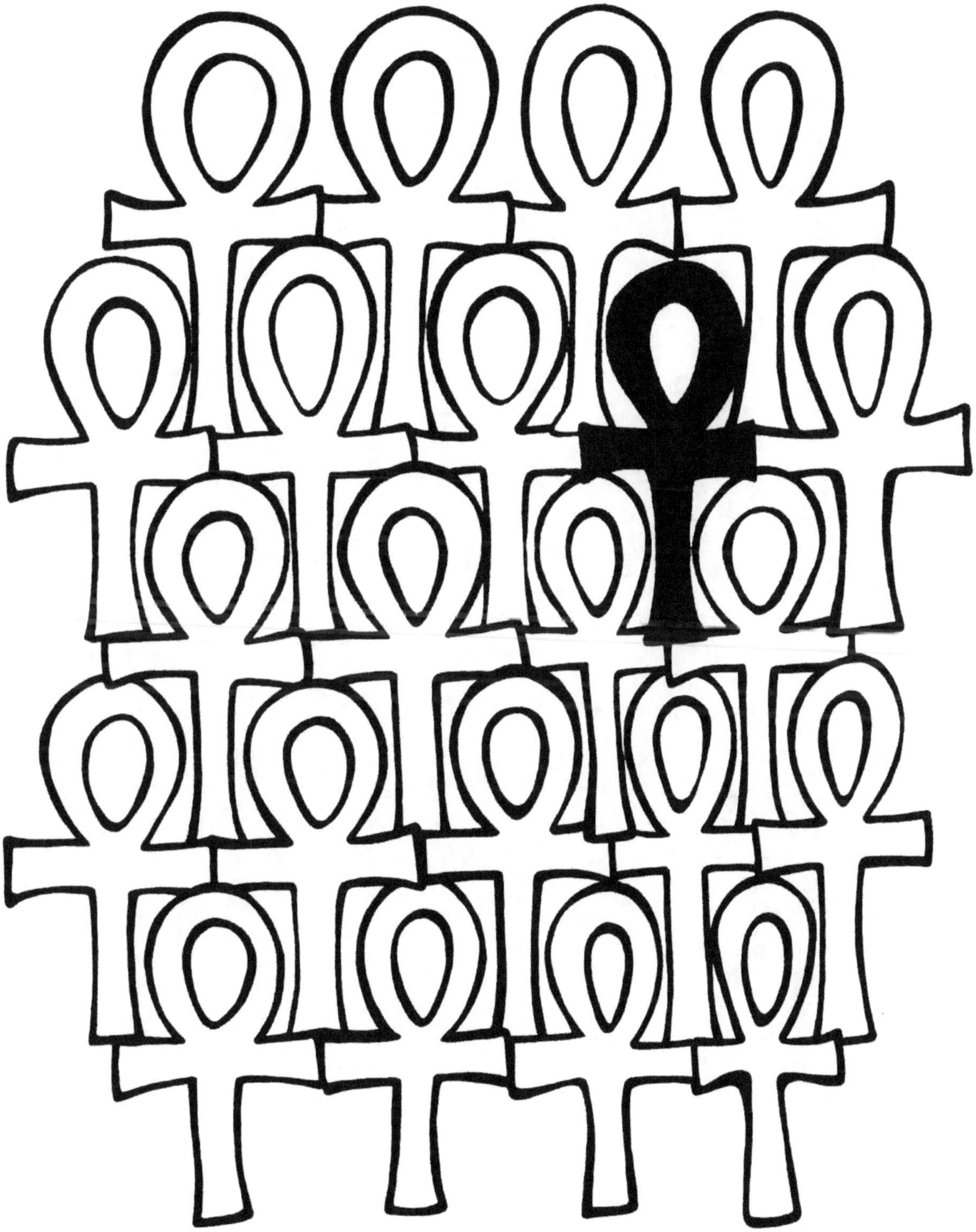

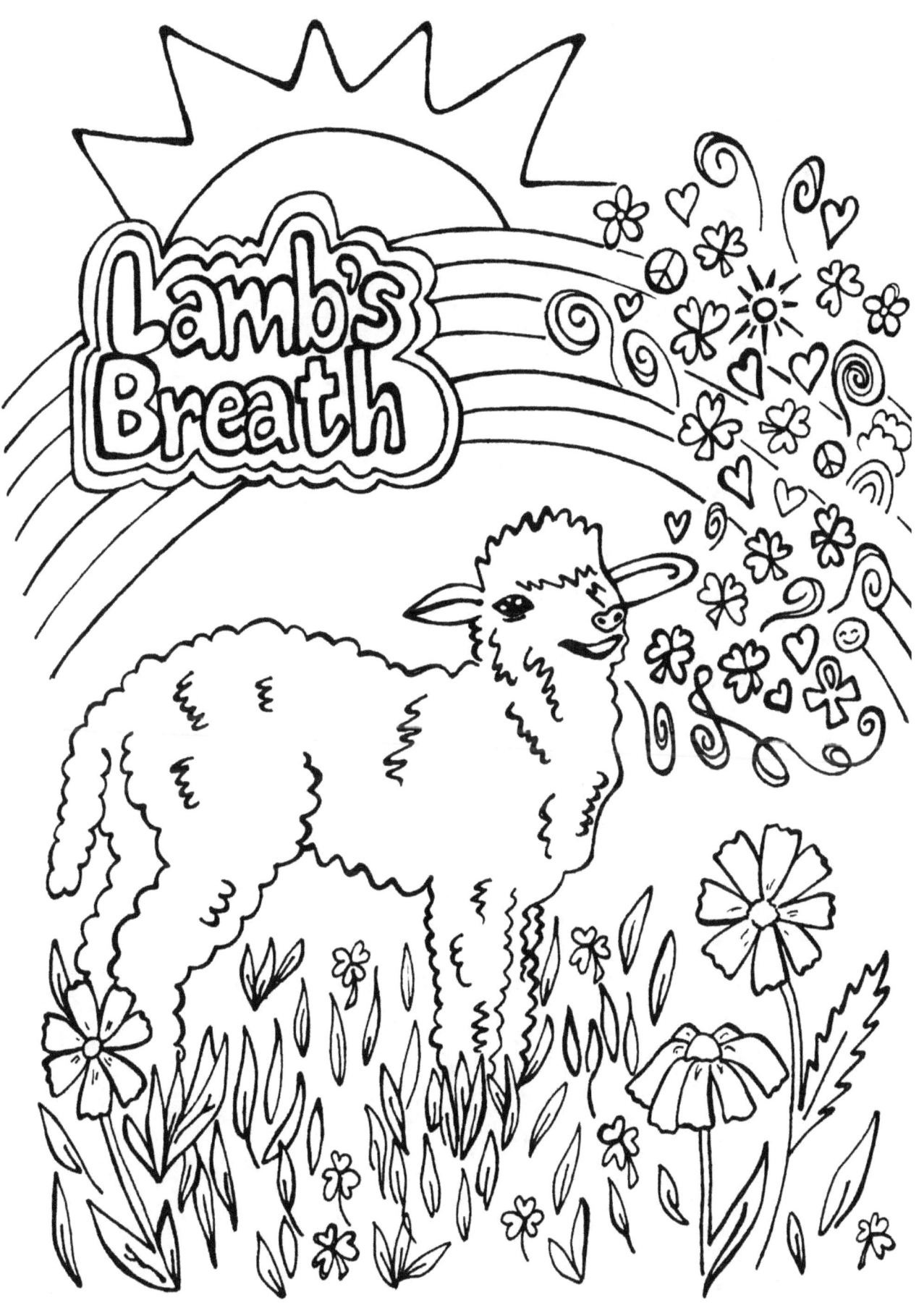

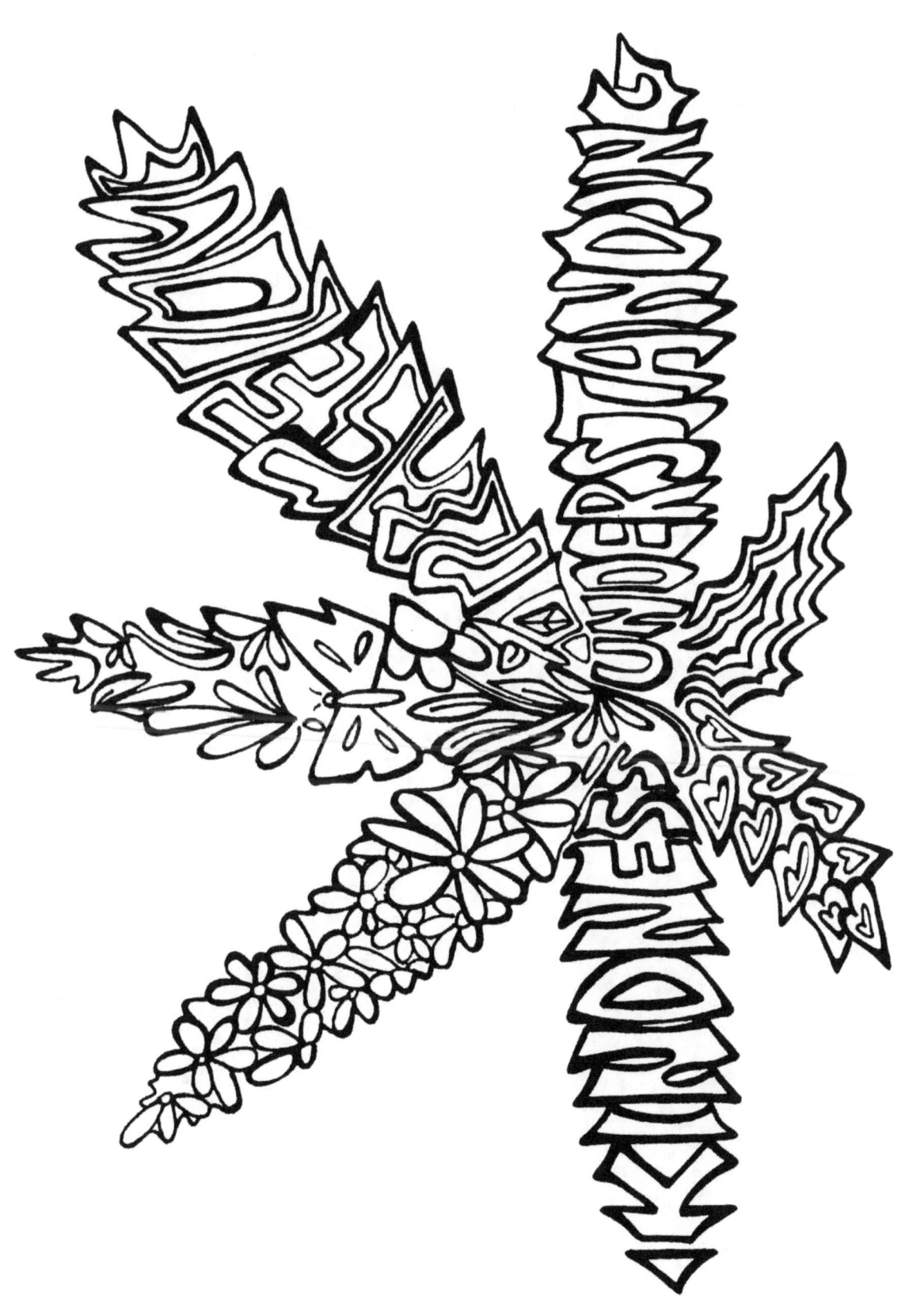

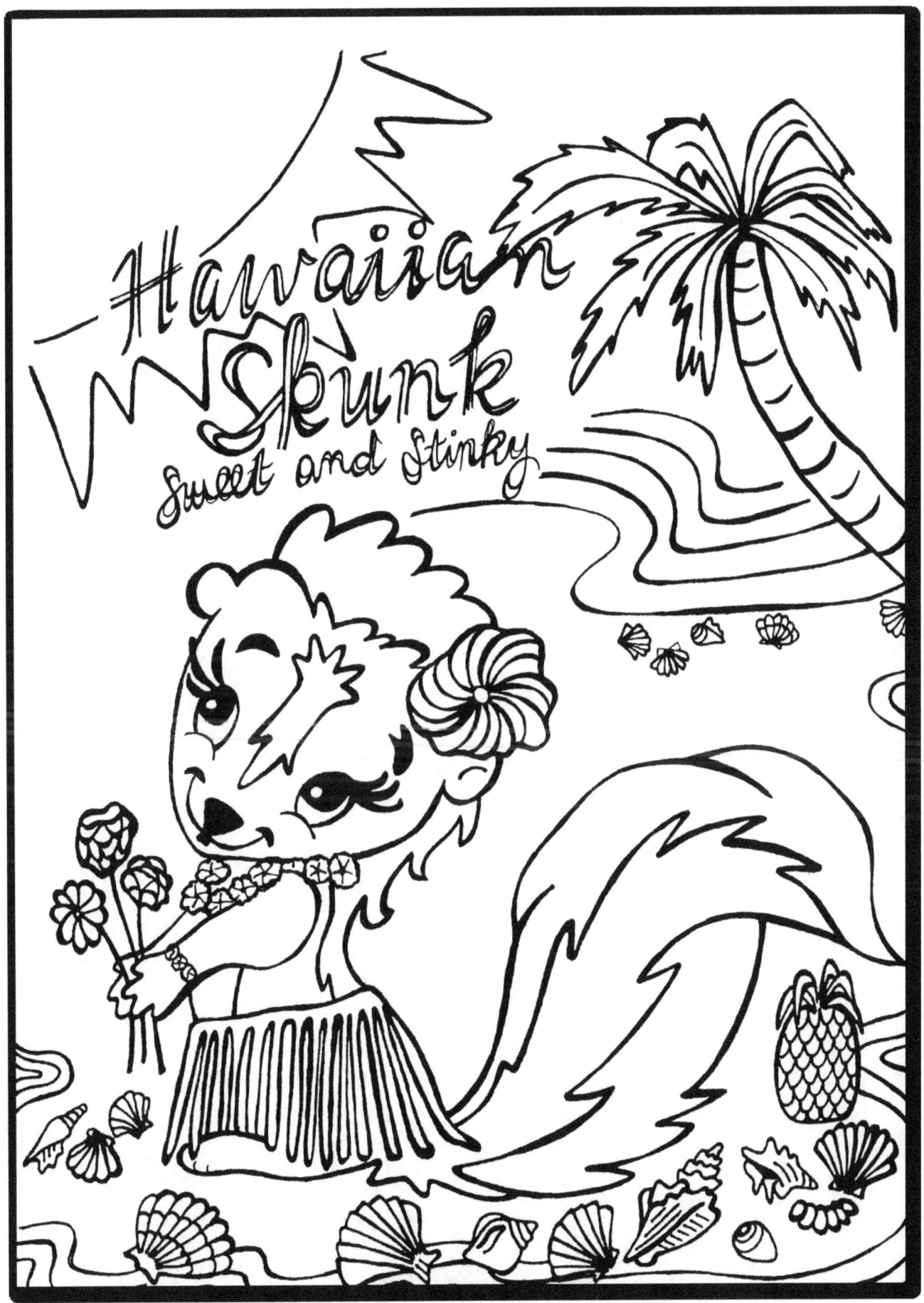

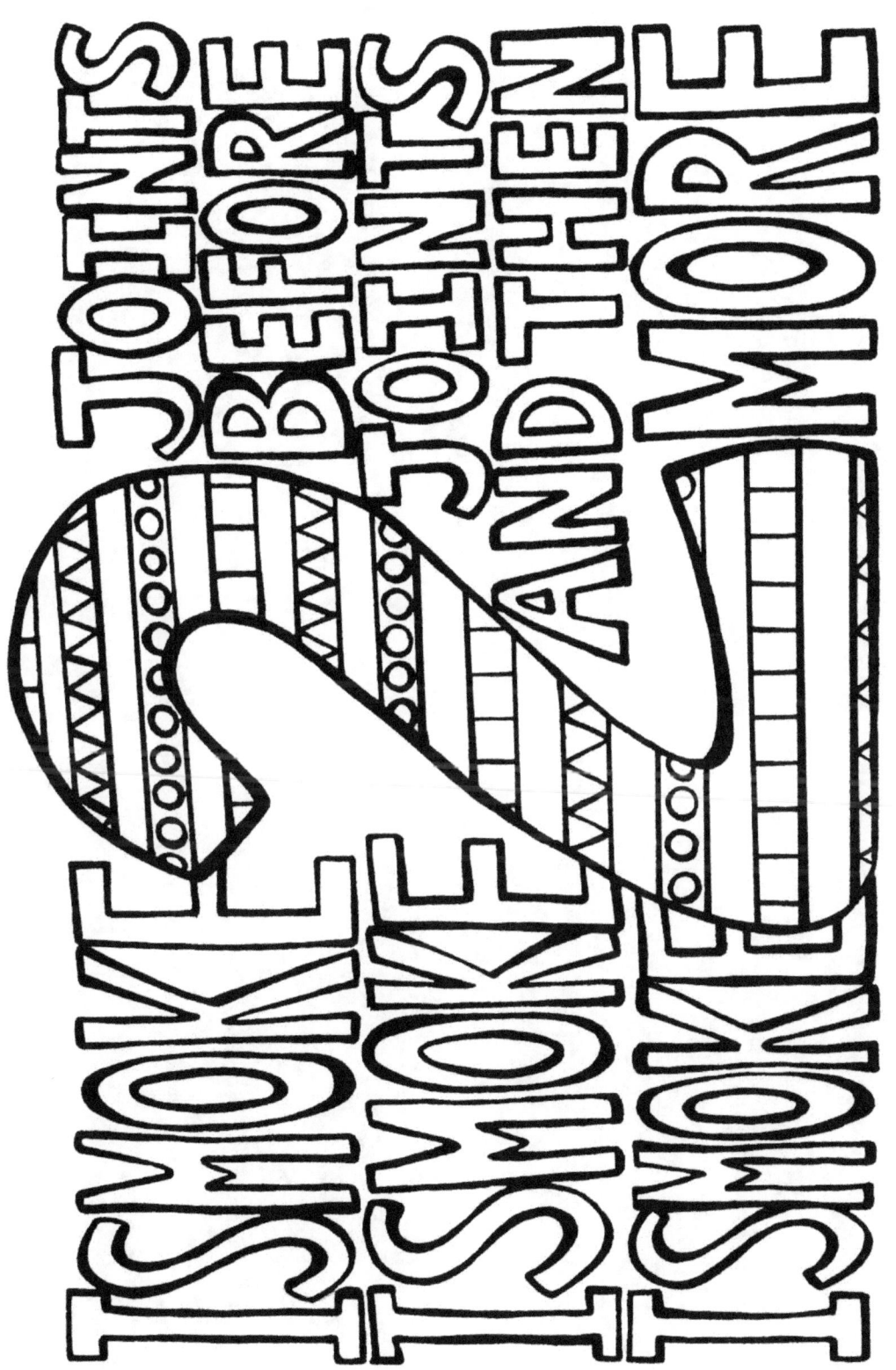

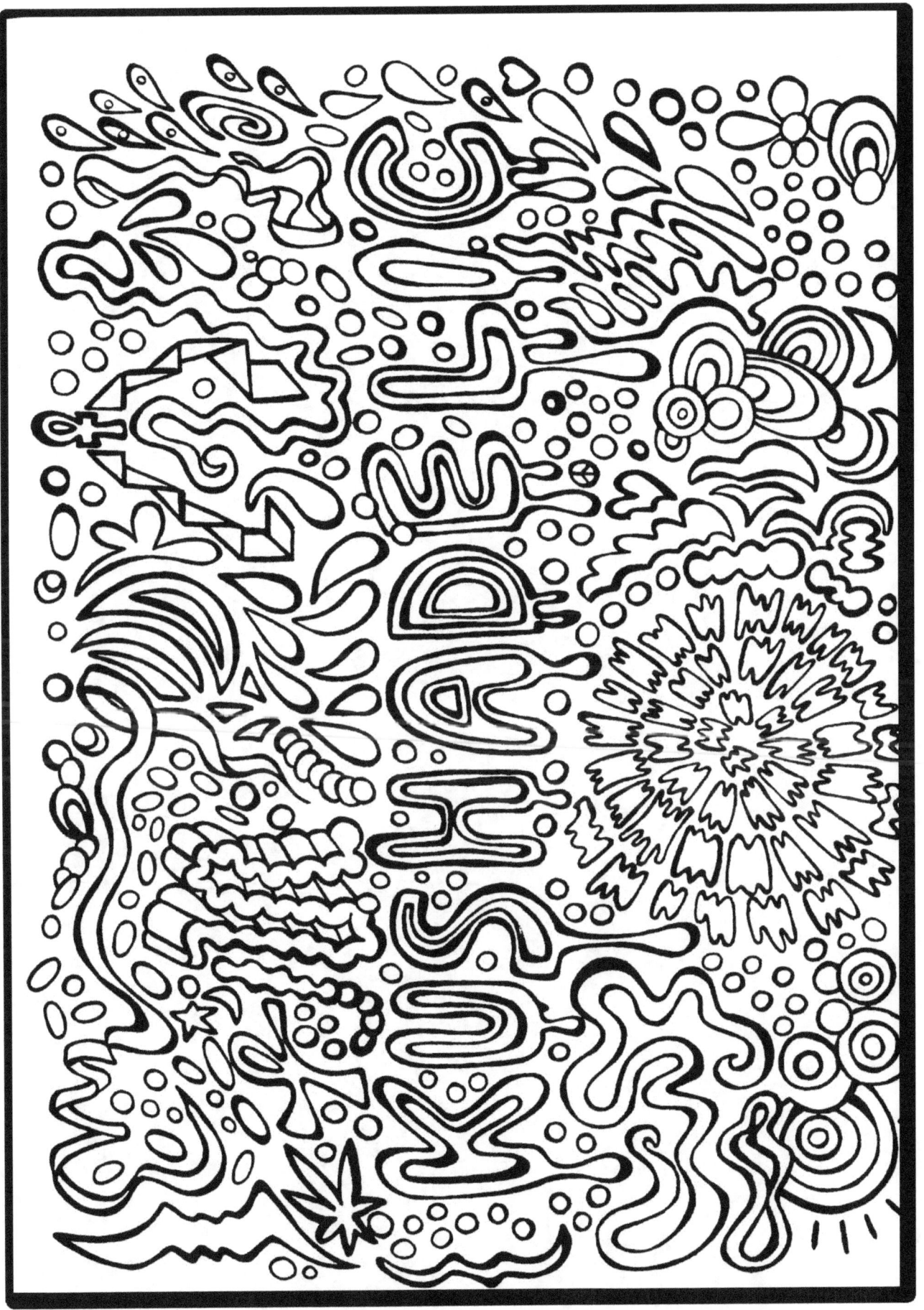

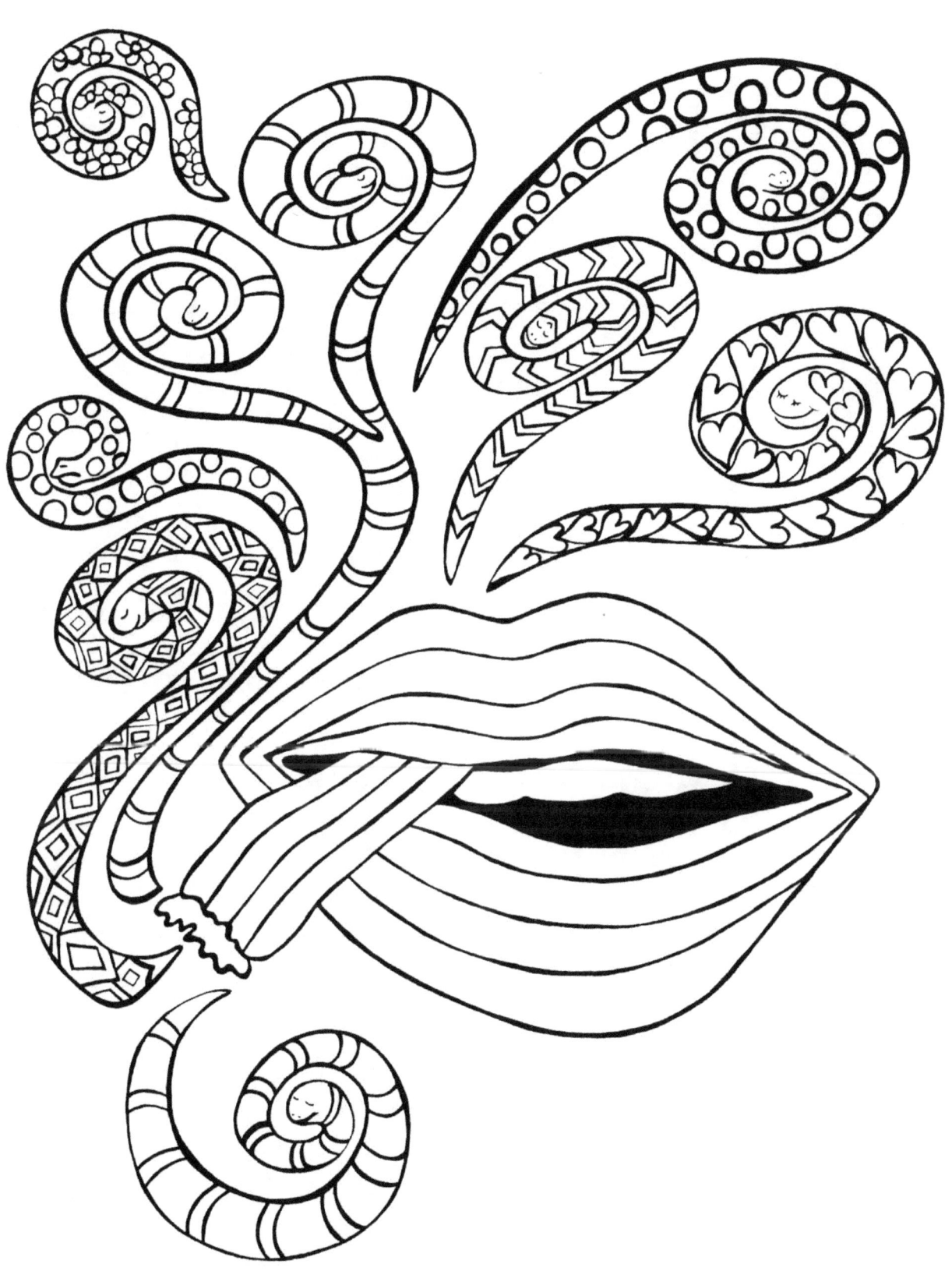

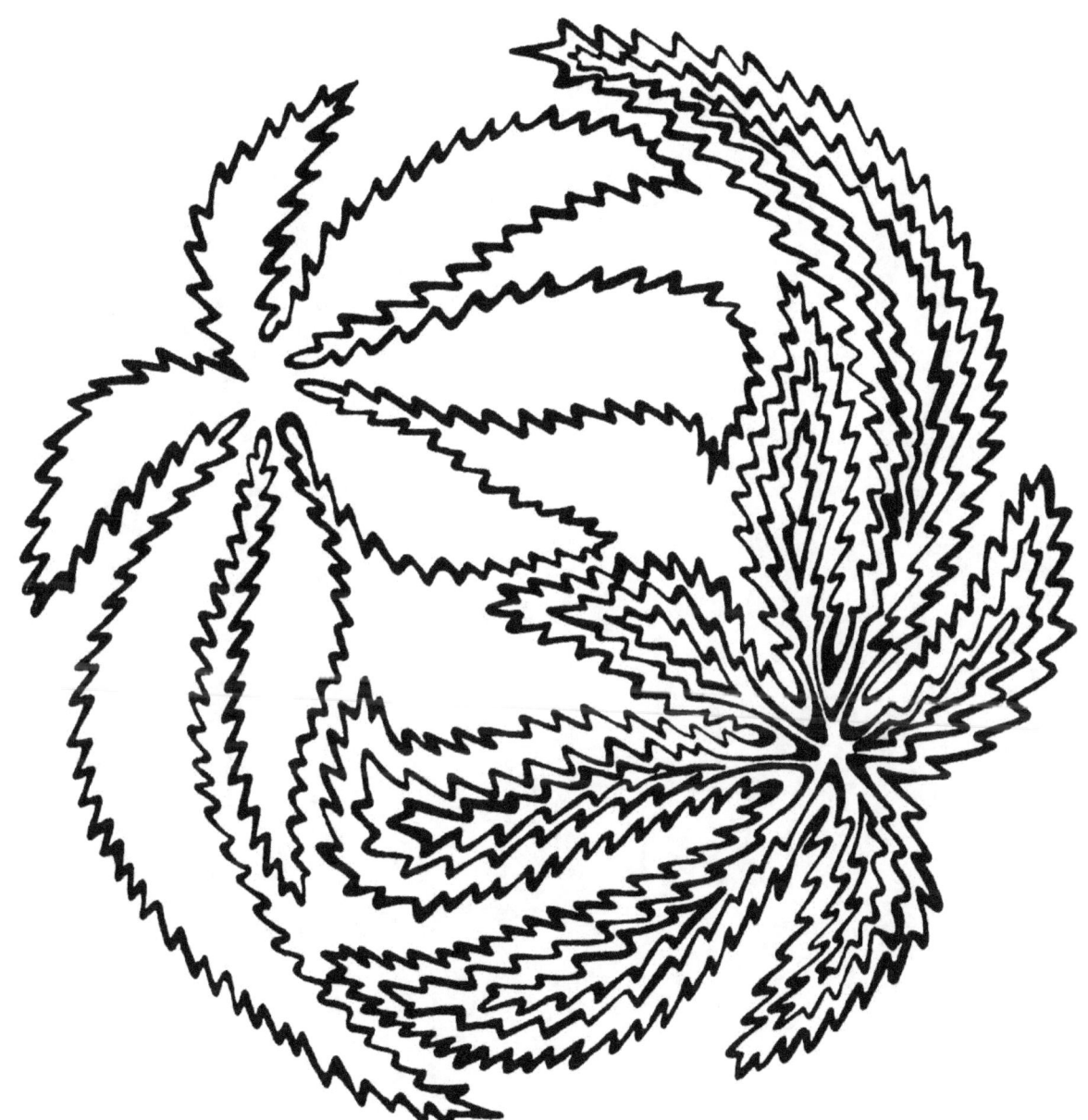

LEMON O.G.

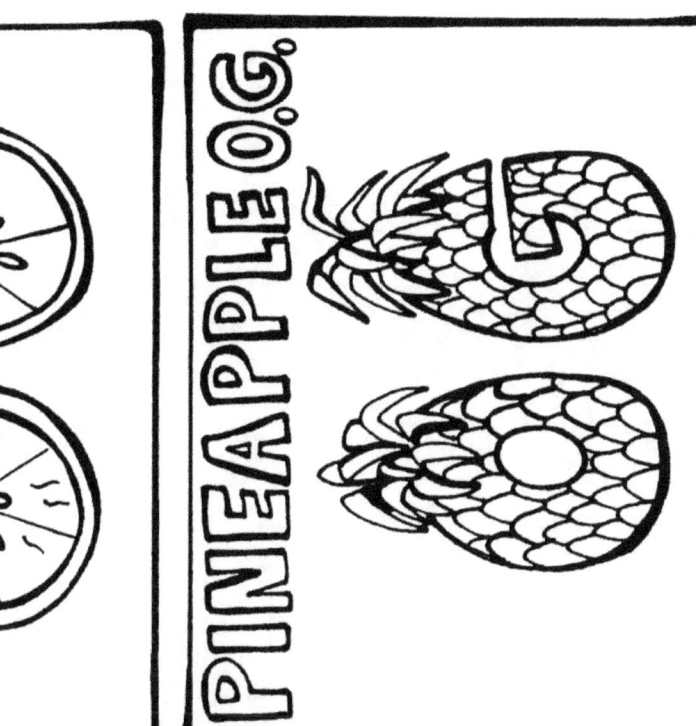

PINEAPPLE O.G.

CHERRY O.G.

BANANA O.G.

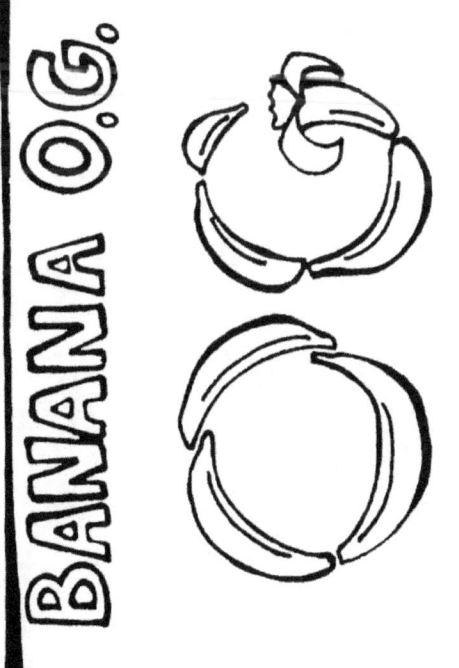

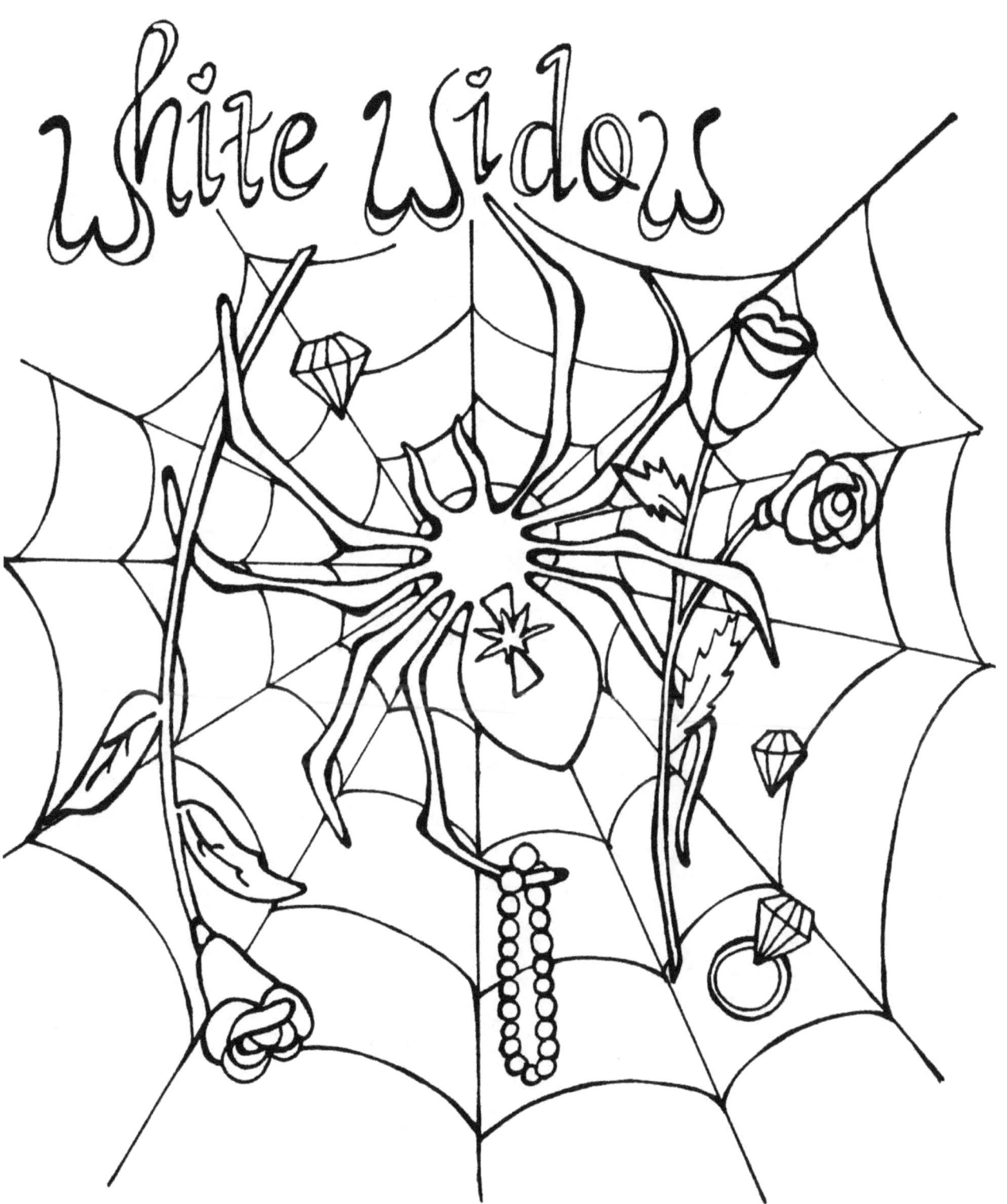

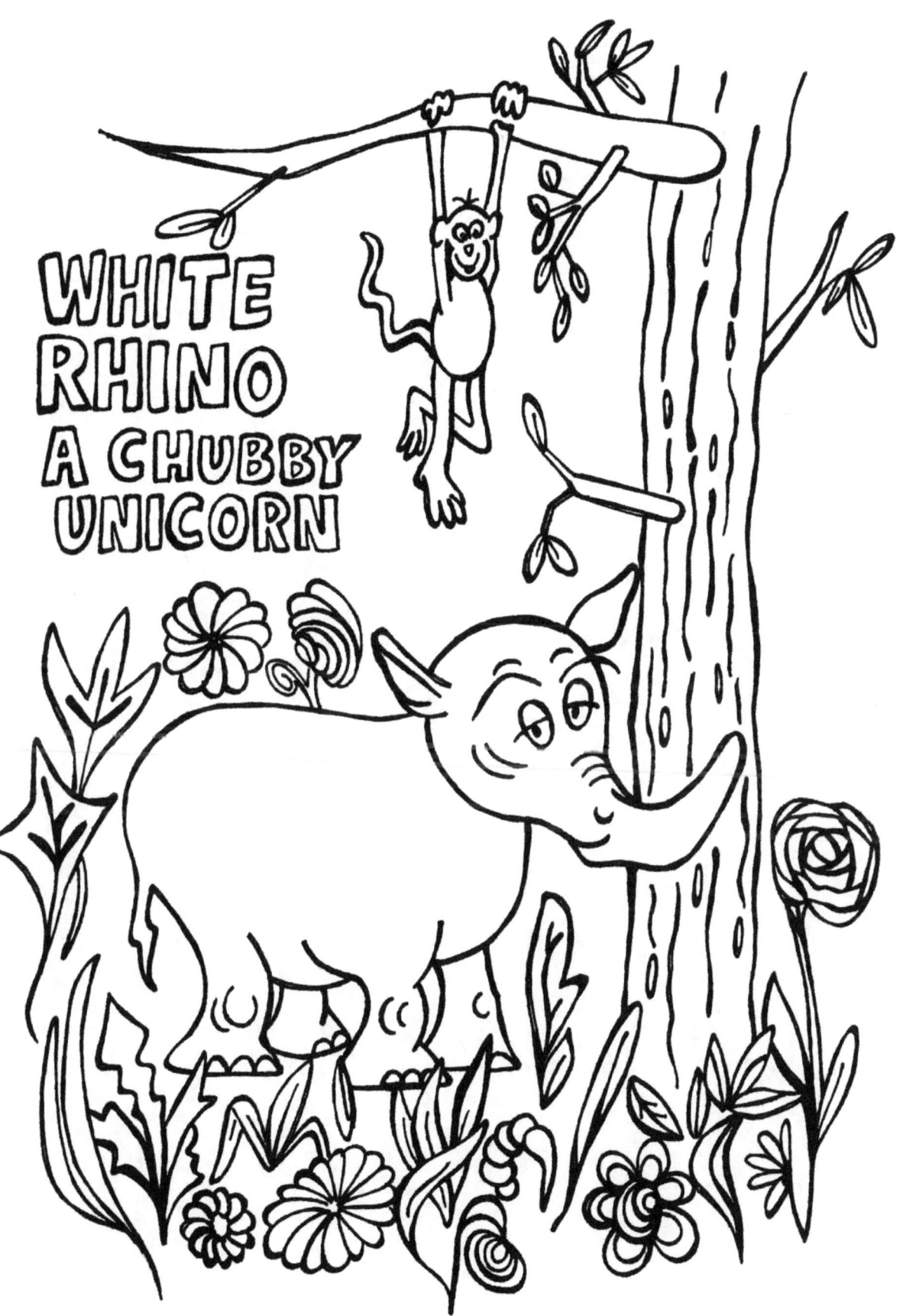

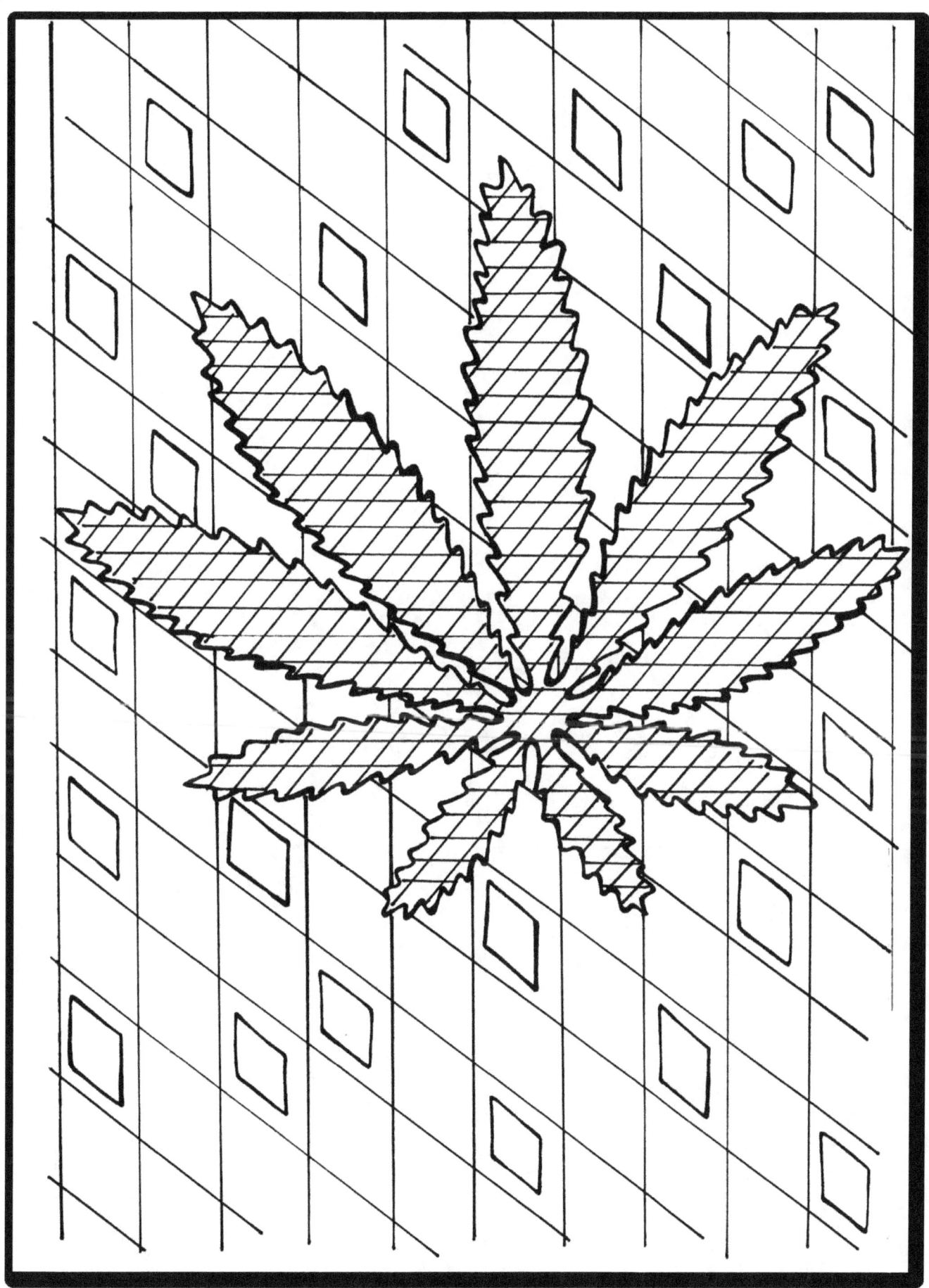

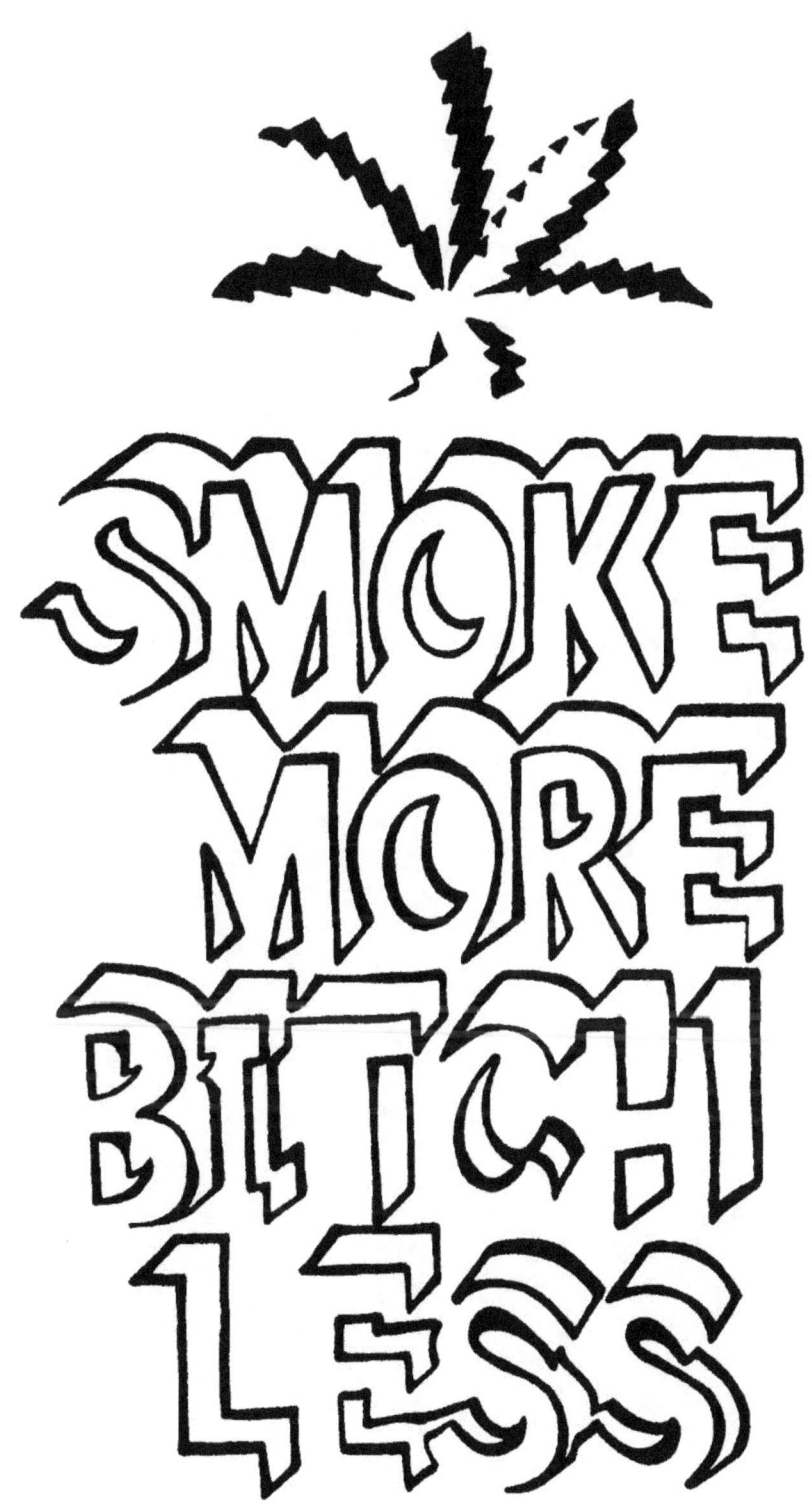

```
B B H D N A B D A E H B L B X L J T Z L B N V Y R R P X L R
Z L I P D T Y G L R R A L K P T L R D Y T P T T Q X W H Z T
M U N R Y J L P M V H R L U T G R A P E A P E M J G E X X V
A E D N R Q W M N D W J D R E B T N C B Q L N M T A D D M D
S D U H P V N M D V K W J G T C V D K O T Q P L V Y Q Y M L
T R K B G Y M U D Y T G L E R Y H X B M N K L Y Z Y K I K B
E E U D Q U B N E Y G D V L T A V E O M C F D X G Q S R T D
R A S R T E O C W K Z R Z X Y D N N E E L U I J B L T N M T
K M H D U B I C N N E J R B N K S D R S T K P D A B L M Y G
U Q T L D N P U Y S R J B H N T C W D Y E S G N E C R Y T B
S J B Z R V K N E R V M T J E P N A F A O M D O O N W T D Z
H N X M T S T R Q A R A M R Y I D R R U D S D L Y J T N J X
W J T N N J E J N B E E O X A N U K R C W D U K L R M I P K
Z N D O Y T D I R R Y G B R W I K D Y E N M Y B J A R Q A R
B B M J A Y L K B N Y D T W T H I K E T B E J P U L M E L L
Q E L V G L X S R Y B N A Y A E I T D I V A E R U L R T H N
L G I D A R B L X W O N Q N S R S T A K M X O R X R E Q J C
K R K K T M E N P M P T J E K K T N E A U R Y B G Z P Z Q D
P Y U Y A T R E E T B W L N U Y G S I R A S Y Y A B Q L P T
G S Z L K R M L N Z K N K N T O D C P I H L H H T Q M Q E R
H T K X K H H M Y H M C K Q L L A O N M S I N A M N E S I A
N Y C D I E S E L R O J A D R N D D O I T O N R D L B B L E
W U O T M R U G T E L U T J P T I W L D M D D O B E X J P J
B M L Z X I K M M R M D S E O C B V R E L D P L J L L O D R
X B D L T J A B L E W T A E A L E L L B B E K N B M L I B T
G O A Q Z U B R T H Q R N Z T R L B Y B R P N V V O L V C J
W L E T X A B B B P K L L B R H H Y O M Q V Y M L C Y V W W P
N D R R L N U N L C Q D M A L B A D P D D R J O J L J N N L
J T D M Y A B G K A W V Z Z K B W I M A P Q H Y T G L Y M Y
G B K N L X X P J J L E P P V M N V Y P D C W J M P J R V N
```

AMNESIA	GREEN CRACK	LEMON SKUNK
APOLLO JACK	GREEN HOUSE THAI	LEMON TRAINWRECK
AURORA INDICA	HEADBAND	MASTER KUSH
BLUE BUDDHA	HEAVY DUTY FRUITY	MONSTER OG
BLUE CHEESE	HERIJUANA	MR NICE
BLUE DREAM	HINDU KUSH	NYC DIESEL
BUBBA KUSH	ISLAND SWEET SKUNK	PRIVATE RESERVE
CHERRY OG	JACK HERER	SILVER HAZE
CHOCOLOPE	JAMAICAN PEARL	SOUR DIESEL
COLUMBIAN GOLD	KUSHADELIC	STRAWBERRY COUGH
DANKY DOODLE	LA CONFIDENTIAL	VANILLA KUSH
DREADLOCK	LAMBS BREATH	WHITE RHINO
GRANDDADDY PURPLE	LEMON HAZE	YUMBOLDT
GRAPE APE		

```
O G T N W S D O P E Y H T X D R U M P F
T G O V K E Q A F P A E S K G Z M A Z E
B C X J C N A C P V G G H O S K A O Z F
U J T A N V N A I G A R A M E U O A T L
D A E S G M H T U G V O K I S A H T H A
H P Q A D E A N N D O O E N H C G D A L
P M N N B S D A Z E N V K D W A O O S H
W W I S W M G T I M E Y U I A N G O H A
P K E F U N Y W W N P M S C G N R B I O
T O K E G N M O A D R W H A U A E I S O
C E T P D X S T X H M O R M J B E E H D
T B X P D I D H A H A H L O O I N B B C
O H D Y B R A W I P E R Z L G S A X I E
P Z D C V B E Z J N U R M J I D S N F D
S P K C H G C A H U E U B O V N O H X I
H W H C N O R Y M F D A N K N R G C V B
E T O O G B O L Z S E O L Z H Y E V O L
L J B O K E W O G N A H B C W H U M T E
F I R V P O W B E H A P P Y C A V T E S
T X H Y B R I D S S H A T T E R H E M P
```

BHANG	DREAMS	HYBRID	SHAKE
BONG	EDIBLES	INDICA	SHATTER
BUD	GANGA	KIND	SHWAG
CANNABIS	GREEN	KUSH	SUNSHINE
CBD	GROOVY	MOTA	THC
CHRONIC	HARMONY	NUGGET	TOPSHELF
DAB	HASHISH	PEACE	WAX
DANK	HAZE	POT	WEED
DOOBIE	HEMP	ROLLING	WORRIES
DOPE	HERB	SATIVA	ZEN

www.ingramcontent.com/pod-product-compliance
Lightning Source LLC
Chambersburg PA
CBHW080549190526
45169CB00007B/2704